LECTURA VELOZ

Guía Completa Para Mejorar Tu Velocidad Y
Técnicas De Lectura Por

(Incrementa Tu Velocidad De Lectura Mientras
Lees Mucho)

Koko Uribe

Publicado Por Daniel Heath

© **Koko Uribe**

Todos los derechos reservados

Lectura Veloz: Guía Completa Para Mejorar Tu Velocidad Y Técnicas De Lectura Por (Incrementa Tu Velocidad De Lectura Mientras Lees Mucho)

ISBN 978-1-989808-78-8

Este documento está orientado a proporcionar información exacta y confiable con respecto al tema y asunto que trata. La publicación se vende con la idea de que el editor no esté obligado a prestar contabilidad, permitida oficialmente, u otros servicios cualificados. Si se necesita asesoramiento, legal o profesional, debería solicitar a una persona con experiencia en la profesión.

Desde una Declaración de Principios aceptada y aprobada tanto por un comité de la American Bar Association (el Colegio de Abogados de Estados Unidos) como por un comité de editores y asociaciones.

No se permite la reproducción, duplicado o transmisión de cualquier parte de este documento en cualquier medio electrónico o formato impreso. Se prohíbe de forma estricta la grabación de esta publicación así como tampoco se permite cualquier almacenamiento de este documento sin permiso escrito del editor. Todos los derechos reservados.

Se establece que la información que contiene este documento es veraz y coherente, ya que cualquier responsabilidad, en términos de falta de atención o de otro tipo, por el uso o abuso de cualquier política, proceso o dirección contenida en este documento será responsabilidad exclusiva y absoluta del lector receptor. Bajo ninguna circunstancia se hará responsable o culpable de forma legal al editor por cualquier reparación, daños o pérdida monetaria debido a la información aquí contenida, ya sea de forma directa o indirectamente.

Los respectivos autores son propietarios de todos los derechos de autor que no están en posesión del editor.

La información aquí contenida se ofrece únicamente con fines informativos y, como tal, es universal. La presentación de la información se realiza sin contrato ni ningún tipo de garantía.

¿QUÉ ES EL SKIMMING? 59
LAS VENTAJAS DE LEER POR ENCIMA 61
LAS DESVENTAJAS DE LEER POR ENCIMA 63

Paso 6 - Decodificación De La Programación Neurolingüística
.... 65

Paso 7 - Cómo Desarrollar Una Presentación Visual Rápida
En Serie... 70

¿QUIÉN SE BENEFICIA DE USAR PVSR? 74
POR LO GENERAL, CON LO BUENO VIENE UN POCO MAL 74

Paso 8 - Técnicas Avanzadas Para Mejorar La Comprensión
De Lectura 76

NO ESCUCHAR PALABRAS COMUNES 77
VISTA PREVIA.. 77
AUMENTAR EL VOCABULARIO 79

Paso 9 - Los Trucos De Lectura Más Importantes E
Infrautilizados 79

Paso 10 - Desarrolle Hábitos De Lectura Rápida 80

¿FUNCIONA REALMENTE LA LECTURA RÁPIDA? 82
¿PUEDES ESTUDIAR DE ESTA MANERA? 84
LECTURA RÁPIDA Y COMPRENSIÓN 85
PAPEL Y PANTALLA 86
1 - PRÁCTICA: 93
2 - LEA EL MATERIAL 'FÁCIL' AL PRINCIPIO: 94
3 - NO SE PREOCUPE DEMASIADO POR SI ENTIENDE O NO EL TEXTO AL
PRINCIPIO: 95
4 - LEER SECCIONES DE TEXTO A LA VEZ: 97
5 - ENFOCANDO SU ATENCIÓN: 98
6 - EVITAR LA REGRESIÓN/REGRESAR: 100
7 - DEJE DE SUBVOCALIZAR: 102
8 - BUSQUE PALABRAS CLAVE: 104
10 - LÍBRATE DE LA DUDA: 105

Conclusión 108

Parte 1

Introducción

Quisiera extender un reconocimiento y agradecerte por haber descargado este libro.

Los contenidos de esta lectura te darán pasos y estrategias para aprender de Lectura rápida en menos de una hora.

Provee una guía paso a paso de como aprender a leer 3-5 veces, más de lo que normalmente lo haces en una hora-con consejos de como escoger el contenido de las lecturas, crear un ambiente apto para lograr este método y otros consejos y trucos que seguir.

¡De nuevo gracias por adquirir esta lectura, espero le encuentres uso!

Capítulo Uno: Aprende más sobre como leer de manera efectiva

En una mano, tienes los libros que requieren tu atención total, tiempo para dedicarle y tal vez una taza de café para poder absorber todo su contenido. Clásicos como el Este del Edén, De ratones y hombres, estos requieren que te tomes un momento, asiento y leer pacientemente cada una de las palabras y oraciones, amenos de que te arriesgues a perder alguno de los simbolismos o significados que el autor elegantemente trata de comunicar.

En la otra mano, están esas lecturas livianas, que no requieren de mucha atención o concentración y francamente la lista de estos es larga que los de la categoría anterior.

Cuando te despiertas en la mañana, las primeras actividades que haces es revisar tus redes sociales o correo, tal vez leer el periódico. ¿Necesitamos enserio concentrarnos en estas lecturas al cien porciento? La verdad es que no. ¿Qué tal tu lista del diario, o los últimos tweets de tu muro de noticias, o las publicaciones de tus amistades en Facebook, los subtítulos de cualquier película o el resumen de la reunión del trabajo?

Quizá sean importantes o interesantes, pero no requieren de toda tu atención.

Ese es básicamente el concepto de la Lectura rápida.

¿Qué es la Lectura rápida?

Es básicamente, para recalcar lo obvio, leer lo que sea a una gran velocidad, entender completamente sus contenidos, pero reduciendo considerablemente el tiempo que normalmente requeriría la lectura en sí.

En este mundo moderno, muchas ocasiones se han demostrado, requieren la cualidad de saber como hacer Lectura rápida; conforme el tiempo pasa mas y mas estudios demuestran que es algo que el día a día de cualquier persona va a necesitar o necesita.

Hoy día, existen varios métodos o cursos y muchas otras opciones de como aprender esta habilidad.

La persona promedio, lee aproximadamente 200-400 palabras por minuto, esto depende de su preparación académica, edad, experiencia y la dificultad del texto en cuestión. Otros factores importantes son, la concentración que se tienen dentro de la ventana de tiempo de lectura, como por ejemplo cuando esta haciendo más de una actividad aparte de leer o las condiciones que te rodean al momento de leer, sonido de ambiente, como tu perro, un auto u otras personas haciendo conversación cerca de ti.

Una persona que tenga su experiencia en Lectura rápida puede llegar a leer entre 1000 a 2000 palabras por minuto, es decir 5/6 la velocidad de una persona normal y esto es comprendiendo en su totalidad el contenido del texto.

La importancia de la Lectura rápida

No es de extrañar, de que aun mientras lees este libro, aun te sientas en duda, sobre la importancia y necesidad de esta habilidad y muchas preguntas empezaron a aparecer en tu cabeza. Tales como: ¿Es esto enserio algo que necesito esto en mi vida? ¿O que podría ser algo que gane o logre con leer rápido?

Déjame exponer un par de escenarios simples para ti.

Supongamos que necesitas, ir al super mercado y el tiempo es poco para regresar a tus otros que haceres. En lugar de tener que ojear la lista cada vez que agregas un producto a tu carrito, tomas un minuto para analizar la lista y de este pequeño escaneo, creas un recorrido optimo de cada pasillo, para salvar tiempo. ¿Qué tal suena eso?

Hoy te levantaste tarde, tienes que ir al trabajo y tienes dos opciones: revisar toda tu bandeja de correo, porque sabes que estabas esperando un correo muy importante para hoy, arriesgando llegar mas tarde al trabajo o salir de la cama de una vez e irte derecho a la oficina. Que tal si puedes escanear tu bandeja de manera eficiente, en un par de minutos y luego irte a la oficina.

Tienes una presentación importante en la reunión de hoy, en los próximos minutos y no tuviste tiempo para prepararte como necesitabas para este nuevo cliente. Te arriesgas a hablar teniendo presente que no estas listo aparte de lo mínimo que sabes o te tomas unos diez minutos y investigas en internet, quien es el cliente, como es la naturaleza de su compañía, sus intereses, su historia y lo sintetizas para saber a lo que vas a enfrentar.

Estas en las ultimas paginas de un drama muy interesante, pero tienes que resumir tu vida y regresar a trabajar. Sabes que no tendrás paz, pensando que va a suceder en el clímax de la historia. ¿Te levantarías sabiendo que, no te vas a poder concentrar en nada mas al máximo, porque sabes que tienes la cabeza, imaginando múltiples finales o puedes utilizar tu lectura rápida y terminas esas ultimas páginas en tus últimos minutos para no irte con la intriga?

La vida real tiende a tener escenarios como estos, mas seguido de lo que parece, que demuestran la verdad utilidad de esta habilidad tan subestimada, especialmente en la vida atareada que la mayoría vivimos.

No solamente tiene esas pequeñas ventajas en tu día a día, lo importante es **que siempre vas a poder estar preparado**. Una vez que te adaptes a esta habilidad, no tendrás problema de poder sostener tu estatus en un examen sorpresa o en una reunión sin previo aviso.

Concentración mas agilizada. No tienes una idea, los beneficios que esto puede traer a tu vida del día a día. Cuando llegas a dominar esta habilidad puedes poner toda tu atención en una sola acción, te concentras, solamente en esa información que necesitas procesar y esto es practica para otras ocasiones de tu vida, en las cuales necesitas ajustar tu atención al máximo.

Un bono en confianza. ¿Como? Imagínate en una situación en al cual tienes poco o nada de información sobre la que esta sucediendo y te tienes que preparar para una conversación con alguien importante. En un par de minutos e internet, puedes coleccionar suficiente para crear una conversación o tal vez hasta un pequeño debate o entrevista, sobre sus intereses que recién encontraste.

Tal vez se dé un viaje con tus compañeros de oficina. Toma el tiempo para entender y memorizar lo que los panfletos describen, la historia, los paisajes y otras curiosidades del lugar al que tu equipo tienen como destino e impresiona a tus pares y a tus jefes con tu conocimiento del área.

Puedes ahorrar tiempo. Básicamente el este es el principio de la Lectura rápida, ¿no?

El tiempo que antes invertías en los textos que no requieran la atención que le dabas o los que no sabias bien invertir tu atención, se vuelve en ventanas para descansar o para hacer alguna otra tarea que tengas en tu día.

Si estas razones, no te terminaron de convencer, creo que es tiempo de presentarte los métodos y trucos de esta habilidad.

Capítulo Dos: Métodos de Lectura Rápida

La lectura rápida es una habilidad que requiere de un claro entendimiento y mucha practica. Existen varios métodos para poder ejercitar esta habilidad de manera apropiada, este capítulo va a cubrir las bases de los métodos. Esto va a aumentar tu velocidad de lectura entre 3 a 4 veces más, va a hacerte mas salvar mas tiempo y mantenerte preparado o preparada.

1. Filtrar

Este proceso requiere que la persona involucrada, visualmente haga un escaneo del texto, para encontrar su idea o ideas principales, en lugar de tener que leer puntualmente cada párrafo. Algunos crean una síntesis simplemente leyendo los primeros párrafos de un artículo, o las primeras oraciones o ciertas extracciones del inicio, mitad y conclusión del artículo.

Filtrar tiende a creer cierta desconexión, ya que puede no darle al lector una idea clara de lo que el texto en total trate de dar a entender y tan solo da una idea general. Esta técnica es para momentos de apuro, donde el tiempo es carente, pero puede resultar defectuoso, si el texto en sí está escrito de manera poco ortodoxa o que cambie sus ideas o tono después de cierto punto.

Existen unos pasos para filtrar el contexto de un texto

- Crea un entendimiento general del texto.
- Si es posible, lea el primer párrafo en su totalidad, esto te dará una idea del tipo de escritor y su tono.
- Lea las primeras oraciones de los párrafos y escanee rápidamente el resto del párrafo, para encontrar alguna palabra o idea importante.
- Lea el último párrafo por completo y compare si la idea es la misma al resto del cuerpo del texto.

Filtrar es una buena idea para refrescar ideas de información ya analizada y aprendida, para un examen o para un revisar la estructura de un correo que tienes que enviar a alguien importante.

    2. Escanear

Escanear es el meto más rápido y eficiente para acelerar tu habilidad de leer en un margen substancial. En contraste a filtrar, este método es basado en encontrar palabras o frases especificas en el cuerpo del texto.

Por ejemplo, supongamos que tienes el periódico en tus manos y estas buscando una noticia en específico, digamos algo relacionado a tu vecindario. No vas a leer todas las noticias y enunciados del periódico, por esa pieza en particular; sino, lo que necesitas es simplemente es escanear las paginas por un nombre familiar o algo que se relacione con tu vecindario.

Usa este método, con cuidado y en pequeña escala, esto hace que tu búsqueda sea mas simple de completar. Siguiendo el ejemplo anterior, cuando buscas por algo relacionado con tu vecindario, será una búsqueda mas simple si, buscas en las paginas correctas, como la sección de noticias locales o sucesos recientes.

Similarmente, si buscas por la palabra

xilófono en el diccionario, vas a buscar en la sección dedicada a las palabras con la inicial "X", no todo el diccionario. Cuando buscas por un capitulo en especial en un libro, lo que haces es encontrarlo en el índice y localizar la pagina donde este comienza, no escaneas el libro entero hasta llegar a este.

Esta técnica, no debería ser extraña para cualquiera, esto se nos da naturalmente. En nuestro día a día, es una práctica que comúnmente tenemos, simplemente escaneamos, no leamos a fondo la mayoría de texto que nos encontramos, desde los ingredientes del cereal, el anuncio camino al trabajo, el directorio del teléfono, etc. Es solo natural, siempre estamos en la búsqueda de algo que nos llame la atención.

3. Meta Guiar

Este método requiere de la ayuda de un objeto, que ayuda a apuntar, un lápiz, un dedo o un separador- para guiar tus ojos a seguir cada oración en un texto. Esta ayuda visual hace que tus ojos tengan mayor facilidad de concentrarse en lo que están procesando y consecuentemente hace que tu velocidad al leer se aumente.

Esta técnica se asimila, a cuando en la niñez aprendías a leer, pues usaban los dedos para seguir la oración con facilidad. Cuando un individuo usa el dedo para guiar, los ojos seguirán la velocidad del movimiento de los dedos y por ende la velocidad de tu lectura se ajustará a esto. Con practica la velocidad de tu objeto que guía, puede aumentar por lo tanto tu velocidad de lectura lo hará también.

Practicando estos métodos, por mas o menos una hora al día puede darte la velocidad de leer en alto rendimiento cualquier texto, sin importar su intensidad o profundidad. Ya tienes el conocimiento de los métodos, es el momento de que los pongas en práctica. ¿Quizá utilízalos en los en el siguiente capítulo?

Capítulo Tres: Trucos del Intercambio

La lectura rápida es en sí, basada en un conjunto de trucos e ideas que se combinan, para condensar información de manera mas eficiente. No todos estos métodos funcionan en cualquiera; sino, la persona normal requiere de uno de dos para empezar a desarrollar esta habilidad.

Cuando intentas hacer esto en algunos textos, yo te recomiendo que intentes algunos de los trucos que te voy a dar adelante, inténtalos todos, prueba cual te sirve mas y cual se ajusta mas a la manera en la que lees.

1. Leer en Grupos

En lugar de leer palabra por palabra, la idea es agruparlas en pequeñas unidades. El objetivo principal es, hacer menos movimientos con tus ojos, cada vez que agrupas, dejas de centrarte en cada palabra, lo que hace perder menos tiempo.

En un párrafo, practica segmentar las palabras en grupos de 3 o 4 palabras, trata de leer estos grupos y procesa su significado. Por ejemplo:

Estaba en el mejor momento, fue el peor resultado, fue una era dorada, comenzó una era inservible, fue la fuente de impulso, fue la fuente de decepción, fue la temporada de luz, fue la temporada de oscuridad, fue la primavera de esperanza, fue el invierno de desesperación...

Es cuestión de entrenar tu mente, ya que de esta manera tu mente segmentara de manera inconsciente, tu mente al agrupar las palabras comenzara a ignorar esos "fue la" y utilizara el resto del grupo para substraer el significado principal.

2. Limita tus movimientos oculares

En lugar de mover tus ojos sobre toda la página, enfócate solo en la oración que estas procesando. Trata de limitar tu visión a las esquinas de cada oración.

La visión se tiene que limitar a un punto de referencia, un truco que puedes intentar es crear una line de luz, en medio del texto, para limitar tu foco de visualización, mantén la vista en esa línea. Una vez enfocados en la línea, comienza a mover tus ojos de izquierda a derecha, usando las oraciones del texto como guía, mantén tu mirada constante. Esto reducirá los movimientos innecesarios, de tu cabeza y ojos, a la larga esto va a salvar un poco más de tiempo.

3. Detén la subvocalización

La mayoría no notamos que, mientras leemos tendemos a vociferar las palabras que están enfrente nuestro y esto lo hacemos en nuestra mente. Otros, llegan a imaginar como suenan las palabras en voz alta. Esto es un habito que ignoramos y es una potencial perdida de tiempo.

Este habito, por lo usual es un remanente de nuestra niñez, cuando aprendimos a leer, pero nos sigue hasta la vida adulta. Lo que una vez, fue una excelente herramienta de aprendizaje, ahora es un mal habito que tiende a ser un desperdicio de tiempo.

Así que, detente, trata de detener este mal habito, una vez que aprendas a no leer sin una voz en tu cabeza, vas a perder menos tiempo, ya que no imaginaras el sonido de las palabras en tu cabeza. Las palabras en un texto no deberían trascender a mas haya de eso, tenemos que entender el significado de cada palabra, no su sonido- lo que se vuelve vital, cuando estas en un apuro o necesitas terminar de leer algún libro, reporte, guion y la lista puede seguir.

4. Trata de no repasar contenido innecesario

Cuando necesitamos citar o referirnos a alguna parte de un texto, ya sea para comprender mejor el significado de una oración o algún escenario similar, tendemos a volver a leer la ultima parte del texto y volver una oración, o un párrafo o incluso a la página anterior de nuestro libro. Viene a no ser una sorpresa que, volver a encontrar lo que no entendimos o lo que nos confundió o lo que olvidamos, viene a ser extremadamente innecesario y gasta mucho mas tiempo del que se debería, sin mencionar el tiempo que vas a tomar en analizar y tratar de entender lo que nos hizo regresar a este punto.

No es la mejor práctica, si quieres comenzar a dominar la lectura rápida. Olvida o evita volver a algún punto, en este contexto, si perdiste el significado de algo o no tienes muy claro algún punto del texto, continua, las probabilidades de que eventualmente entiendas el concepto principal de la lectura, si continúas leyendo, son altas, es tan solo cuestión de tiempo. En el caso de que, si necesites regresar por algún punto muy importante, no esta mal, pero hazlo rápido y trata de no hacerlo por mucho tiempo ni muy seguido.

    5. Presta atención a lo que es más importante

La mayoría del contenido de un texto tiende a no ser vital para su punto principal, ahora si estas tratando de hacer lectura rápida, la verdad se vuelve innecesario, leer toda la información del texto. Por lo usual, si te saltas o no absorbes toda la información, no va a alterar el mensaje principal del texto o la historia. Esto es fácil de demarcar, en textos antiguos, los escritores tienden a describir en lujo de detalle, la escena, el lugar o la situación de lo que esta en camino a ser la trama o el punto de la historia. Es importante para críticos o amantes literarios, pero no para las personas que tienen una agenda y tiempo limitado para terminar el texto.

Por ejemplo, leamos un extracto de Las aventuras de Oliver Twist de Dickens:

*Era una **mañana gris** una vez que ellos llegaron a la calle; ventiscas aparte de intensa lluvia; el cielo se notaba **nublado y tormentoso**. La noche ha sido pasada por agua: **grandes charcos de lluvia** han poblado la calle: las casas de los perros estaban inundadas. Se notaba una pequeña luz del mañana en el cielo; pero de alguna forma agravo más **la escena triste**, en vez de hacerla mejor...*

Las primeras líneas de texto, en especial las que están de negrita, son mas que suficiente para darte una imagen muy clara de lo que se quiere comunicar, sin mucho detalle. Se comprendió el mensaje sin tener que leer todo el texto de manera puntual.

Todos estos trucos pueden llegar a ayudarte inmensamente en tu entrenamiento para dominar la habilidad de la lectura rápida. ¡Dales el chance, inténtalas y acomódate a la o las que te beneficien más!

Capítulo Cuatro: Aprende Lectura Rápida en una hora

Llegamos al punto focal, es momento de sentarte y practicar realmente lo que es la lectura rápida-una guía paso a paso, te va a ayudar en este viaje. ¡Sigue esta detallada lista y podrás captar el concepto en cuestión de una hora o tal vez menos!

- Crea el ambiente correcto

Así es, el ambiente donde estas, es muy importante, después de todo estamos aquí para aprender. Si el ambiente no es el correcto, no intentes forzar aprender algo, el proceso se va a afectar a la larga. Necesitas un fondo agradable-buena iluminación y callado-para la primera lección. Apaga el televisor y cualquier otro emisor de media visual o auditiva; aléjate de las personas a tu alrededor, busca un lugar aparte.

Reduce cualquier distracción; siempre tienes tu hogar, lejos de los tumultos de gente y los sonidos de la cuidad.

- Estés Alerta y Atento

Es difícil de creer que puedes aprender cuando te sientes apurado, desalineado o distraído. Es mejor empezar cuando tienes el momento para hacerlo, no cuando tengas ningún otro compromiso y sientas que tienes el tiempo para dedicarte a lo que tienes que aprender-justo como cualquier otro proceso de aprendizaje.

Si te sientes con cansancio por el trabajo, o sin energía, has otra cosa por el momento, aprender esta habilidad requiere de toda tu concentración. Si tienes planeado empezar, hazlo en un día libre, cuando estas en paz, en alerta, tal vez después de tu primera dosis de cafeína en la mañana y no tienes nada mas planeado para el día. Este es el momento preciso que puedes dar el chance de aprender esta habilidad.

- Elije el material cuidadosamente

En tu primera práctica, no es la mejor de las ideas comenzar con El inferno de Dante o con Anna Karenina. ¿Por qué mejor no empezamos con algo ligero-como un libro de la saga de Harry Potter, que tal una novela ligera o un drama corto? También puedes practicar el periódico o con una revista, si en tu opinión estos ejemplos anteriores cuentan como lectura ligera.

Para empezar, incluso puedes usar una lectura que te sea familiar, así garantizas entender completamente la lectura.

Empecemos de manera humilde, no tratamos de apuntar a la luna desde el primer día.

- Entiende lo que lo que estas leyendo

Cuando tienes una idea clara de lo que estas leyendo, comprender cualquier tipo de texto que sea de una naturaleza familiar a tu conocimiento, será simple. Algún libro que sea de su gusto o comprensión. Si es esto no es posible, intenta al menos tener una idea clara del contenido del material antes de empezar- ¿son noticias internacionales o estudios económicos? ¿Es una novela de romance lo que vas a leer o es de ciencia ficción? ¿Es una revista de celebridades o una con recetas o métodos de mantenimiento floral?

Tener una idea clara del contenido de tu material y el tono de este, te dará una noción de que es lo que se está tratando comunicar, cuando estas filtrando o escaneando o la técnica que sea que utilices. Sino estarás esperando la escena romántica y te confundirás cuando no entiendes porque no pasa de una sola vez y te das cuenta de que el libro es un futuro distante, en un mundo robots de pura ciencia ficción.

- Familiarízate con el contenido

Ahora es tiempo de comenzar la lectura. Toma tu pieza literaria y rápidamente, escanea el cuerpo del texto. Si es un libro, escanea su nombre, el subtítulo y el índice. Esto te dará una idea clara del contenido y te hará la tarea más simple de leer.

Tomemos como referente este libro. El título principal, "Lectura Rápida" esto te dice el concepto principal de la lectura. El subtitulo "Como leer 3-5 veces más rápido, en tan solo una hora y transformarte en un aprendiz efectivo" esto te dice que vas a leer sobre, lectura rápida y que lo vas a aprender de manera efectiva en una hora o menos.

El índice te aclara los títulos de cada sección del libro y da una idea general del contenido. Si estas con tiempo limitado, saltarte el primer capítulo, basados en una educada deducción y comenzar en el segundo o hasta el tercer capítulo, no hará ningún daño, siempre y cuando vuelvas a leer el material que omitiste.

¿Ves como si se podría salvar tu tiempo?

- Presta atención a las partes importantes

Las partes clave de cualquier capitulo en un libro, son la introducción, la conclusión, los títulos y subtítulos (si existe alguno). Cuando estas ejercitando lectura rápida y estas con poco tiempo en las manos, es buena idea filtrar o escanear estas partes clave.

La introducción va a darte una idea general del contenido del capitulo en cuestión y la conclusión te dará un punto final sobre el contenido. Los títulos del capítulo-como en este libro-te darán un poco de percepción del contenido de cada párrafo. Si con el título ya te puede dar una idea, de lo que la sección de texto va a explicar, simplemente puedes filtrar el contenido y no leerlo en su totalidad.

- Enfócate en los detalles si es necesario

Si por alguna razón, sientes que estas perdiendo el concepto del texto, por no leer el texto de manera puntal, puedes escanear los párrafos, busca palabras clave en ellos. Si estas familiarizado con el contenido del texto, te sabes el título y las palabras clave, tus ojos no se va a distraer y van a encontrar si se escaneo algo importante.

Escanear puede tomar tiempo, especialmente si el texto es extenso, así que, si no quieres arriesgar perder mas tiempo, siempre puedes leer las primeras dos oraciones del texto. Te podría sorprender de cuanta de la información vital de una idea, esta localizada en las primeras oraciones de un párrafo. En ocasiones leer el inicio y el final, puede darte toda la información que necesitas para entender el concepto de un texto en su totalidad, sin tener que leer todo el texto.

Intenta todas las técnicas, escanear, filtrar, etc. Simplemente es cuestión de tratar de sentir cual se ajusta a tu estilo de lectura.

- Continua incluso en duda

El en caso de que sientas que perdiste el mensaje principal de lo que lees, debido a que estas en medio de tu lectura rápida, no detengas. Si leyendo a un paso que te hacer sentir que estas perdiendo el control de tu propio entendimiento, sigue un poco más, créelo, el proceso es lento, tu lo dominaras con practica y tiempo. Tu cerebro se va a relajar después de exponerlo a este nuevo paso de absorción de información y esta incomodidad o falta de entendimiento debido a la velocidad, a la que la información esta siendo adquirida por nuestro cerebro desaparecerá.

Practica el mismo método, en todos los capítulos o todas las partes de la lectura, Roma no se construyó en día, perseverancia es la clave y esas incomodidades o falta de procesamiento debido a la velocidad, se irán.

- Calcula tu tiempo

Es importante saber como va tu progreso- incluso si esta es la primera vez que tratas de aumentar tu velocidad de lectura, para saber si estas a una buena velocidad o si necesitas ajustarla a un nivel mas alto. La idea de este libro es leerlo la primera vez en una hora y ver si entiendes el trato o la idea de estos métodos. Detente y piensa después de una hora, ¿cuántos capítulos terminaste o cuantas paginas?

Un experto puede llegar a leer 1000 palabras por minuto. ¿Estas cerca de este número? Tus respuestas, te dirán cuanto te hace falta y cuanta práctica.

La habilidad de la lectura rápida es meramente práctica, así que si no estas cerca de la marca, que esto no te desaliente. Sigue intentando, eventualmente este libro lo podrás leer en menos de una hora, así como cualquier otro material de contenido simple o medianamente complejo.

¿Qué tal suena eso?

Información adicional

Si con toda esta información, aun sientes que necesitas mas ayuda en cómo desarrollar tus técnicas de lectura rápida, te dejare esta lista de programas ambos pagados y gratuitos, que te pueden ser de gran ayuda.

1. **Spreeder (http://www.spreeder.com/)**

2. **Zapreader** (http://www.zapreader.com/)
3. Readfast (http://www.readfa.st/)
4. Sprintz (http://www.spritzinc.com/)
5. **Rocket Reader** (http://www.rocketreader.com/)
6. **7 Speed Reading** (http://www.7speedreading.com/)
7. Read Speeder (http://www.readspeeder.com/)

Estas son aplicaciones para tus aparatos celulares

1. **QuickReader**
2. **Read Quick**
3. Acceleread

*Estas aplicaciones o sitios web están en ingles de manera nativa y puede que no estén disponibles al español.

Conclusión

¡Gracias por haber adquirido este libro!

Espero que el contenido de el te ayude a aumentar tu velocidad de lectura, que logres maximizar tu tiempo y la compresión de cualquier material didáctico que leas de aquí en adelante, sea rápida y eficaz.

Lo que sigue es seguir los métodos y consejos para leer este libro en menos de una hora.

¡Gracias de nuevo y te deseo la mejor suerte!

Parte 2

Introducción

Las letras «P - E–R – R – O» deletrean PERRO. Junto con estas tres letras colocadas en secuencia para deletrear la palabra «PERRO», era más que probable que hubiera una foto de un perro acompañándolos.

Así es como los niños siempre fueron, son y probablemente siempre se les enseñará a leer.

Al «escuchar» una palabra, aprenden a pronunciarla. Al ver una imagen que representa la palabra, ellos entienden lo que la palabra representa.

Como muchos de nosotros hemos envejecido, es posible que no lleguemos a «decir» las palabras que leemos «en voz alta» a medida que las leemos. Sin embargo, la mayoría de nosotros todavía las «pensamos» tal como las vemos. Es muy posible que esté haciendo esto ahora, al leer esta introducción.

Esta forma de lectura se denomina «sub-vocalización». Es una manera excelente para que los niños aprendan a leer y de hecho lo reforzamos leyéndoles cuentos «en voz alta».

El problema surge cuando los niños crecen. No se hace ningún intento de «desvanecer» esta forma de lectura. Por lo tanto, la mayoría de los adultos todavía lo hacen hoy en día.

Cuando consideramos a las personas que necesitan leer un volumen de más de 50.000 palabras en un día, ya sea porque necesitan revisar sus materiales de estudio, documentos de trabajo o incluso un buen libro que necesita ser devuelto a la biblioteca al día siguiente, empezamos a preguntarnos: «¿cómo es posible que cubran su material en tan poco tiempo, si deben pensar cada palabra tal como la ven?

Aquí es donde nuestros cerebros evolucionan repentinamente y automáticamente anulamos lo que nos enseñaron, por el bien de atravesar el material - de repente descubrimos que podemos comprender las palabras que vemos, sin pensarlas, decirlas o pronunciarlas.

Con la lectura frecuente comenzamos a darnos cuenta de que la cantidad de tiempo que nos toma a nuestras mentes conscientes reconocer una palabra escrita en una frase dada es de hecho solo una fracción de lo que pensamos que es.

Piense en la publicidad subliminal en un anuncio durante una película en el teatro.

Una palabra puede literalmente«destellar» en la pantalla grande durante una fracción de segundo. En ese momento, debido a que están tan fácilmente tratando de seguir lo que están viendo, no saben que están viendo la palabra, pero en realidad sus ojos la han visto y su cerebro la ha fotografiado - para ese momento.

Porque ha sido«fotografiado», lo recuerdas. Tal vez no recuerde dónde vio la palabra hasta después de que la película haya terminado (porque su mente consciente todavía intentará aferrarse a la línea de la historia de la película), pero puede que se encuentre después de la película pensando en la palabra que usted piensa que no vio conscientemente.

Algunos pueden decir que esto se debe a que solo puede haber sido visto por su mente subconsciente. Esto puede ser cierto, pero este concepto en sí mismo es la razón perfecta por la cual la concentración y la conciencia son tan importantes, y van de la mano.

Sin ellos, también podríamos seguir leyendo libros infantiles para siempre.

La responsabilidad nos enseña que el tiempo es una esencia, y «soñar despierto» mientras se lee puede llevar a una disminución seria de la productividad. A través de la realización de este concepto comenzamos a unir nuestras mentes conscientes y subconscientes con la intención de absorber completamente lo que leemos, simplemente mirando las palabras.

Hay muy poca manera de hacer que creas

que eres capaz de leer sin sub-vocalizar. No puedo convencerte de que eres capaz de hacer algo que nunca te has probado a ti mismo que puedes hacer.

Para creer en este libro, necesitas creer en el poder de tu mente subconsciente, y luego acercarlo lo más posible a tu mente consciente.

Paso 1 - Entender el Proceso de Lectura de la manera en que los individuos promedio no lo hacen

Aquellos que aún no han dedicado tiempo a descubrir cómo leer más rápido a menudo sienten que la lectura es una lucha constante. Puede que ni siquiera se den cuenta al principio, pero tarde o temprano pueden evaluar cómo pasan su tiempo en un día determinado, y descubrir cuánto tiempo pierden leyendo lentamente.

Los factores responsables de la lentitud de la lectura no están ocultos, en realidad son bastante obvios. Sin embargo, la mayoría de los lectores pensarán primero que hay algo académicamente mal en ellos, antes de elegir creer en lo obvio.

Ser un lector lento no significa que eres un fracaso académico. Simplemente significa que nunca antes se le ha enseñado a leer más rápido.

Antes de que pueda comenzar a corregir su técnica de lectura, será importante que entienda qué tasas de lectura se consideran lentas.

Las diferentes publicaciones influyen de forma natural en la velocidad de lectura al utilizar un estilo de fuente, un tamaño de fuente y un texto«fácil de entender». Escriben para los laicos, evitando las«palabras rimbombantes» y las charlas complejas. Por ejemplo, una novela romántica puede ser ciertamente más fácil de leer que un libro de texto de psicología.

Una buena tasa de lectura, considerada por algunos como la tasa de lectura«estándar», es de aproximadamente 250 palabras por minuto.

Si su tasa de lectura es más lenta que el promedio«estándar» de 250 palabras por minuto, es probable que se vea obstaculizado por al menos uno de los factores que se enumeran a continuación.

Fluidez estilizada

Si usted carece de práctica extensa en la lectura, podría caer en la trampa de dividir cada oración que lea en las palabras individuales dentro de la oración.

Esto ocurre cuando su cerebro analiza (descompone/analiza) la información en lugar de absorberla. Se hace una pausa para evaluar el significado de cada palabra antes de seguir adelante, una y otra vez. Es una tarea agotadora y desagradable causada por leer como si estuvieras conversando o leyendo el texto en voz alta a alguien.

El cerebro humano es algo maravilloso, y no necesita limitarse a«una palabra a la vez».

Cuando usted habla, también está

controlando sus músculos faciales y monitoreando las reacciones de su audiencia. La lectura no tiene tales distracciones.

Empiece a pensar en las oraciones como un todo, en lugar de concentrarse en las palabras que hay dentro de ellas.

Daños en la vista

A veces la única razón por la que ciertos individuos tienen problemas para leer es la«mala visión». La hipermetropía se desarrolla naturalmente a medida que las personas envejecen, gracias tanto al esfuerzo como al proceso de envejecimiento.

La visión deficiente es tan gradual que al principio es posible que ni siquiera reconozca una ligera borrosidad alrededor de los bordes de las letras que lee. Entonces un día, las palabras escritas se vuelven casi ilegibles.

Esto no solo ralentizará su progreso mientras su cerebro intenta interpretar cada palabra, sino que también causa dolores de cabeza que pueden hacer que cualquier tipo de lectura sea dolorosa y frustrante. Hágase revisar los ojos anualmente e invierta en un par de anteojos para leer si le están frenando.

Distracción

Cuando un libro o documento no es lo suficientemente absorbente, la mente tiende a vagar.

No es gran cosa cuando se lee por placer, pero los escritos como los registros de trabajo y los libros de texto para los estudios son un asunto diferente. La distracción les sucede incluso a los mejores lectores, pero el secreto del éxito es trabajar más allá del aburrimiento y las distracciones para obtener la información que necesita.

Además de beneficiarse de los ejercicios básicos de enfoque/concentración, este problema a menudo se alivia a medida que mejora la velocidad de lectura, ya que el aumento de palabras por minuto le da al cerebro más espacio para ocuparse de sí mismo.

Asegúrese de leer en un ambiente tranquilo y tranquilo con el menor número posible de ruidos de fondo y perturbaciones/distracciones visuales.

Postura

Su postura durante la lectura es muy importante. El encorvamiento puede causar molestias en el cuello, la espalda y en ocasiones incluso en los músculos del estómago.

Cuando lea para absorber información vital (por ejemplo, cuando esté estudiando o leyendo documentos para el trabajo) será importante que se siente en una posición cómoda, preferiblemente con su espalda contra el respaldo de una silla o una superficie vertical plana.

Dieta

Muchos individuos no son conscientes del hecho de que una dieta deficiente influye en la productividad. Hay muchos alimentos que pueden mantenerlo energizado, alerta, y le ayudarán a concentrarse, lo cual conduce a una buena concentración y, en última instancia, a una lectura más rápida.

Por otro lado, las«comidas rápidas», los alimentos grasos y el exceso de almidón pueden hacer que te sientas letárgico y algo distante, que son los«enemigos» de la lectura.

Aire fresco

No podemos sobrevivir sin oxígeno. Muchas personas se encuentran leyendo en el interior (en una oficina o en la escuela). Necesitan entender la importancia de respirar aire fresco de vez en cuando.

El aire en un ambiente de oficina (especialmente aquellos que utilizan calefacción central o aire acondicionado) puede quedar estancado después de algún tiempo. Es importante que se asegure de tomar aire fresco después de una hora de lectura, aunque solo sea por 5 minutos.

Pasar esos cinco minutos bajo la luz solar directa es altamente recomendable, ya que la luz solar genera tanto vitamina D como serotonina, y sin suficiente serotonina en el cerebro, la mayoría de las tareas parecen insoportables.

Contenido

El entusiasmo es una llave que abre casi todas las puertas. Mientras que los documentos relacionados con el trabajo y los materiales de estudio pueden aburrirte hasta la muerte, debes darte cuenta de que sin entusiasmo hay muy pocas posibilidades de que seas capaz de leer en absoluto, y mucho menos de absorber la información dentro del material de lectura.

Una de las mejores maneras de ganar entusiasmo por el trabajo/estudio que haces es recompensarte por una buena comprensión. Mientras que su posición en el trabajo puede seralta, no hay nada malo en jugar un juego con usted mismo. Por ejemplo, por cada capítulo comprendido se recompensará con un... (el que usted desee).

También recuerde el panorama general en

este momento, junto con el trabajo duro/bueno viene una recompensa mayor, ya sea en la forma de una promoción en el lugar de trabajo, o una«A» para sus estudios.

Subvocalización

Como se mencionó anteriormente, la subvocalización es la forma en que se les enseña a los niños a leer. Se anima a los estudiantes a«decir» palabras en voz alta a medida que avanzan, lo que refuerza el significado de cada palabra en el proceso.

Esta es una herramienta útil, pero a veces se pega y daña el desarrollo posterior a medida que el niño crece. En los adultos, suele manifestarse en forma de palabras que se pronuncian en silencio a lo largo de la página.

Es importante darse cuenta de que el habla es francamente lenta en comparación con la capacidad de la mente para procesar información. Limitar su progreso al ritmo de la conversación lo dejará muy por debajo de la velocidad media de lectura.

Lectura/Regreso

Cuando pierda la concentración o se vea inundado por una escritura particularmente densa, puede instintivamente saltar al principio de una oración o párrafo para releer lo que piensa que se ha perdido.

Este es un síntoma de mala comprensión, no académica, sino probablemente causada por distracciones. Esto ciertamente tendrá un impacto en su velocidad de lectura; si usted termina leyendo cada página dos veces, el libro entero tarda el doble de tiempo en completarse.

En lugar de permitirse retroceder dos veces, «arar hacia adelante» y confiar en sus habilidades para absorber la información eficientemente.

No solo «arar hacia adelante» le dará a tu cerebro el mandato de prestar atención, sino que asegurará que asimiles todo el contenido en lugar de quedarte atascado en una pequeña sección.

Solo quiero pedirle un pequeño favor.... si disfrutó de este libro, ¿puede dejar una reseña para este libro? ¡Gracias!

Puedes dejar una reseña aquí:

Paso 2 - Configuración de su entorno interior

Es importante crear un ambiente propicio para la lectura en más de un nivel.

Mientras que algunas personas se dan cuenta de que necesitarán preparar el ambiente físico perfecto en el que leer eficazmente sin distracciones, muy pocos entienden lo importante que es preparar el cerebro y el cuerpo; un ambiente separado, pero perfectamente emparejado cuando se trata de tener que absorber y concentrarse en la información.

A continuación, se presentan algunos puntos importantes a considerar cuando se intenta crear el ambiente de lectura perfecto.

El azúcar y la lectura no se mezclan

¿Sabía usted que consumir azúcar o

alimentos con almidón antes de una sesión de lectura puede realmente perjudicar su desempeño en lugar de mejorarlo? Mucha gente piensa que la energía añadida del azúcar o de un tazón de pasta les ayudará a quemar más rápido el material de lectura, pero los expertos en nutrición nos dicen que el proceso bioquímico involucrado en la digestión del azúcar o del almidón libera ciertos compuestos que pueden retrasar la comprensión de la lectura.

Lo que realmente sucede es que una dieta o comida alta en azúcar y almidón hace que el metabolismo libere insulina para reducir los altos niveles de azúcar y equilibrar los niveles de azúcar en la sangre.

Este proceso también consume aminoácidos que el cerebro utiliza como bloques de construcción para los neurotransmisores necesarios para un pensamiento eficiente.

Los neurotransmisores permiten que los pensamientos viajen por la autopista de la información del cerebro. Cuantos menos neurotransmisores tengas, más lento piensas.

Así que, mientras piensas que comer un bocadillo azucarado generará más energía en tu cuerpo, ayudándote a concentrarte, de hecho, estás haciendo exactamente lo contrario; estás `estrechando' tus propias habilidades para concentrarte completamente.

Este es un error cometido por muchos, sin saberlo. Sin embargo, ahora que usted sabe esto - si usted necesita tomar un bocadillo antes de leer, hay alternativas mucho mejores que el azúcar.

Digasí a los alimentos nutritivos para el cerebro

Para facilitar los eficientes procesos de pensamiento necesarios para la comprensión de lectura, será necesario practicar una nutrición adecuada para preparar el«ambiente del cerebro y el cuerpo».

Usted puede prepararse para el éxito en la lectura comiendo alimentos de índice glucémico bajo a medio como granos enteros, frutas y frijoles. Los alimentos ricos en proteínas también son necesarios, ya que proporcionan una buena base para la formación de aminoácidos y neurotransmisores.

Oxigenar su cuerpo

Una dieta alta en grasas priva al cuerpo del oxígeno que las células cerebrales necesitan para funcionar correctamente.
Básicamente, las grasas se adhieren a los glóbulos rojos y evitan que el oxígeno llegue a las células cerebrales críticas que facilitan el proceso del pensamiento y la comprensión de lectura.
La respiración diafragmática antes, durante y después de los ejercicios de lectura mejorará sus habilidades de lectura al aumentar la cantidad de oxígeno en su cuerpo y cerebro.

Es posible que necesite anteojos para leer

Asegúrese de hacerse examinar los ojos regularmente para determinar si necesita o no una receta para anteojos para leer. Esto es muy importante especialmente

para las personas mayores de 35 años.
Si usted tiene una prescripción para la miopía, probablemente necesite un par de gafas de lectura por separado.

Paso 3 - Establecimiento de su entorno exterior

Todo se trata de luz y postura

El tipo de luz que usted usa cuando lee, y más importante aún, su fuente, puede afectar en gran medida la rapidez con la que lee.

La iluminación de espectro completo proporciona la mejor luz de«lectura» posible. Las bombillas fluorescentes compactas no solo crean la iluminación superior en un ambiente que se utiliza para un enfoque adecuado, sino que también son la fuente de luz más económica disponible y se sabe que se han quemado continuamente durante cinco años.

¡Aunque puede ser tentador, no se acurruque en la cama para las sesiones de lectura!

La postura es importante, y estar demasiado relajado reducirá su velocidad dramáticamente. Es mucho mejor llevar a cabo las sesiones de lectura con un escritorio y una silla para no tener que agachar el cuello y para que el cuerpo asuma una postura recta y relajada.
Mantenga su libro en un lugar fijo. Una superficie plana proporciona el mejor soporte de lectura.

No Contaminación acústica

Usted debe eliminar tantos ruidos y distracciones como sea posible cuando practique la lectura. Incluso si usted siente que la música o la televisión le ayuda a concentrarse, usted debe desarrollar habilidades de lectura sin el uso de ruido de fondo, ya que necesitará concentración para desarrollar tasas de lectura de alta velocidad.

La lectura como un buen hábito o rutina

Si es posible, debe reservar la misma hora del día para su práctica de lectura. Después del desayuno es el momento ideal para programar su práctica. Trate de practicar en el mismo lugar para desarrollar este hábito positivo. También debe generar la mayor cantidad de pensamiento positivo posible acerca de sus ejercicios. Establezca pequeñas metas alcanzables y registre su progreso diario. Dese pequeñas recompensas por cada hito que alcance.

Cuando usted se toma el tiempo para evaluar sus ambientes internos y externos y cómo pueden impactar sus metas de lectura, encontrará que existen numerosas maneras de aumentar su velocidad y comprensión.

Tenga en cuenta la nutrición y coma alimentos«sanos para el cerebro» que alimenten sus habilidades.

Preparar el escenario para la práctica de la lectura preparando un área especial te hará volar a través de montañas de información, tan rápido como tus ojos puedan deslizarse a través de la página.

Paso 4 - Sub-vocalización

Dominio

La lectura es una de las grandes alegrías en la vida de muchas personas, y es una habilidad invaluable que la mayoría de las personas deben tener para funcionar normalmente en el mundo.

Como se mencionó anteriormente, en la escuela probablemente aprendiste a leer cuando te enseñaron a«pronunciar» palabras en una página. Toda la lectura es«en voz alta» al principio, y poco a poco tus habilidades de lectura mejoraron a medida que los profesores controlaban tu pronunciación básica.

Luego se le enseñó a leer en silencio para sí mismo como el siguiente paso para aprender la habilidad de leer. A través de la vida, el método de«pronunciar» las palabras permaneció igual, pero ahora puedes«pronunciarlas en silencio» o«pensar» en ellas a medida que las lees. Esto es sub-vocalización.

Ventajas de la subvocalización

La subvocalización es una parte natural del proceso de lectura que le ayuda a entender mejor lo que está leyendo y le ayuda a recordar más información.

Para algunos, escuchar una palabra hablada en su cabeza les ayuda a entender lo que están leyendo. Tratan de decirle a su cerebro: «aquí mira... entiendo lo que estoy leyendo porque puedo decir la palabra, y al decirla sé lo que significa».

La mayoría de las personas no se dan cuenta de que no necesitan convencer a su cerebro de su capacidad para leer palabras. El cerebro puede hacer esto muy fácilmente sin que se le recuerde que puede hacerlo.

Por ejemplo, cuando usted camina, rara vez necesita decirle a su cerebro que le pida a su cuerpo que dé un paso y luego otro; es algo que usted hace automáticamente. Lo mismo ocurre con la lectura, después de mucha práctica, por supuesto.

Aunque no hay evidencia que sugiera que las personas que participan en un patrón normal de subvocalización comprendan menos que los que leen más rápido, es probable que los que leen más despacio de lo normal debido a los malos hábitos relacionados con la subvocalización 'comprendan' menos de lo normal.

Desventajas de la subvocalización

La subvocalización limita la velocidad de su lectura a«sololo más rápido que pueda hablar».

Los lectores competentes que utilizan la subvocalización pueden leer 250-300 palabras por minuto. La mayoría de los que hablan rápido llegan a las 400 palabras por minuto. Los lectores que eligen sub-vocalizar, por lo tanto, se enfrentan a la desventaja de solo ser capaces de mejorar su velocidad de lectura en aproximadamente un 40%.

Se sabe que los lectores que eliminan la subvocalización alcanzan velocidades de hasta 900 palabras por minuto. Por lo tanto, un buen lector puede mejorar su velocidad de lectura en un 200% adoptando las técnicas de lectura correctas.

Eliminación de la subvocalización

Eliminar la subvocalización significaría cambiar su enfoque de la lectura.

Ya no debe ver la lectura como una actividad pasiva; debe darse cuenta de la importancia de«concentrarse» mientras lee para evitar los malos hábitos que le retrasan.

Cambiar lamanera de leer puede ayudarle a reducir y finalmente eliminar su tendencia a subvocalizar mientras lee.

Sin embargo, hay quienes aconsejarían no eliminar la subvocalización; la razón es que sin ella la capacidad de comprensión de un lector puede ser permanentemente dañada. En este sentido, también hay quienes se mantienen firmes en su opinión de que es imposible eliminar completamente la subvocalización.

A través de la práctica, pronto sabrá dónde están sus puntos de vista sobre la subvocalización.

Paso 5 - El arte de la lectura por encima o «skimming»

Los materiales de lectura vienen en muchas formas. Desde periódicos y novelas, hasta revistas científicas y artículos de investigación - muchas personas a menudo sienten que simplemente no hay tiempo suficiente en el día para que lean todo lo que necesitan al ritmo en que lo hacen.

El *skimming* es una técnica que permite cubrir una gran cantidad de texto en un corto espacio de tiempo. Al buscar palabras importantes, así como frases y frases que contienen la mayor parte de la información importante, puede *desviar* grandes cantidades de texto para obtener una comprensión básica del tema principal que se está cubriendo.

Esto funciona bien para los escritos que no están demasiado densamente llenos de información valiosa, y para los que contienen una gran cantidad de«prosa colorida» que tal vez no sea necesario leer para comprender el corazón del texto.

¿Qué es el Skimming?

El *skimming* es un proceso por el cual el lector omitirá ciertas palabras y pasajes de la página para encontrar el contenido que considere importante.

En lugar de leer cada palabra de cada oración y párrafo, probablemente solo prestará atención a las palabras y frases que contienen la información más esencial.

Usualmente encontrarás que «conjunciones», que son palabras como:

Y
Cuando
Si
El
O
En
eso
Son
Para

y así sucesivamente. Estas son las palabras que usted hojeará, mientras que la descripción de palabras o `adjetivos' y `sustantivos' serán las palabras que usted absorberá.

¿Cuál es el propósito de hacer esto?

Mucho texto contiene una gran cantidad de *pelusa* y exceso de prosa que no es necesariamente pertinente al tema que se está investigando.

Por ejemplo, eche un vistazo a la frase anterior.

¿Cuántas palabras se necesitaban para transmitir el mensaje? Cerca del 40 al 50 por ciento del contenido de la oración podría ser omitido, y usted todavía retendría el 99 por ciento del significado de la oración.

Por ejemplo, al hojear, es posible que solo haya visto las palabras:

«contiene exceso de pelusa no pertinente de investigación»

Este ejemplo en sí mismo es un concepto fundamental en la lectura rápida. Puede utilizar el método de *skimming* cuando necesite obtener las «ideas principales» de un documento largo. A menudo, no se necesita toda la información excedente que contiene.

Por ejemplo, si desea aprender algunos conceptos básicos sobre los efectos del cambio climático, puede que desee hojear las páginas de un informe sobre el cambio climático para encontrar datos y cifras interesantes, pero no leerá las descripciones detalladas de los cambios que se producen, por ejemplo, en las aves migratorias o en la formación de algas; a menos, por supuesto, que esté buscando específicamente dicha información.

Al final, probablemente no tendrá una comprensión completa y detallada de la información, pero podrá comprender y recordar los conceptos básicos.

Las Ventajas de leer por encima

Muchas personas dependen de la búsqueda diaria en innumerables páginas de documentos para encontrar información relevante. Esto es especialmente cierto para abogados, investigadores, estudiantes y otras profesiones que necesitan seguir una enorme afluencia de información textual.

El *skimming* puede permitirle absorber los «fundamentos» de una amplia gama de temas sin quedarse atascado en las complejidades de los textos individuales. Esto es importante cuando se llevan a cabo los pasos iniciales de la recolección de información.

Por ejemplo, si estás buscando información específica sobre una batalla determinada en la Guerra Civil, no querrás leer todos los libros de la Guerra Civil en su totalidad. Al hojear las páginas de cada libro, usted puede descubrir palabras, pasajes y frases a las que puede volver y examinar con más detalle en una fecha posterior.

El *skimming* es una gran herramienta para los lectores ocasionales también. Por ejemplo, casi nadie se toma el tiempo para leer cada artículo del periódico a diario. Usted hojear las páginas para los titulares que le interesan, a continuación, usted hojear el artículo real en virtud de un titular específico para la información que usted está buscando.

La gente también hace esto con revistas y sitios web que contienen mucho contenido. Al hojear el texto que no le interesa, se está dando más tiempo para disfrutar de los artículos y pasajes que le darán la información que realmente necesita.

Las Desventajas de leer por encima

El *skimming* puede presentar obviamente una serie de desventajas que son difíciles de superar.

Esto es especialmente cierto en los trabajos escritos que son densos en información. Los artículos de investigación, documentos históricos, documentos académicos y manuales técnicos pueden contener información importante en casi todas las líneas. Echar un vistazo a la escritura que contiene este tipo de densidad resultará inevitablemente en una gran cantidad de información faltante.

Si usted se encuentra con un texto que está entregando un contenido importante y relevante línea tras línea, es una buena idea olvidarse del *skimming* y concentrarse en la lectura concentrada.

Desafortunadamente, a veces no hay atajos«fáciles» que puedan reemplazar el tomarse el tiempo para absorber y comprender completamente el texto escrito «específico del tema».

El *skimming* también presenta una desventaja cuando el disfrute de una obra escrita depende de la capacidad de leer y analizar dispositivos literarios y prosa complicada.

Por ejemplo, si estuvieras hojeando un capítulo de Shakespeare, es casi seguro que te perderías todo el significado de sus obras y poesía.

La escritura de Shakespeare era densa en simbolismo, metáforas, alusiones, presagios y ritmo. Se trata de características literarias que no pueden ser observadas simplemente «hojeando» la mayoría de las líneas del texto.

El *skimming* también puede reducir el placer que recibes al experimentar una prosa muy bien escrita. Buscar puntos importantes relacionados con la «trama» sería una manera horrible de disfrutar de las obras maestras escritas por escritores famosos como Jane Austen, Vladimir Nabokov, J.R Tolkien y C.S Lewis (por nombrar algunos).

Paso 6 - Decodificación de la programación neurolingüística

Hay muchas teorías e ideas que compiten entre sí acerca de cómo funciona la lectura y qué métodos y«trucos» funcionan mejor para capacitar a la gente a leer.

Una teoría que genera mucho interés, y no poca crítica, se conoce como Programación Neurolingüística oPNL.

Esta teoría comenzó a principios de los años setenta como una consecuencia de las terapias psicológicas convencionales. Con el paso del tiempo, muchos entrenadores y consejeros comenzaron a adaptar las teorías y prácticas de PNL a una serie de diferentes paradigmas de enseñanza.

El concepto básico detrás de la PNL es muy simple:

Al reentrenar la mente (neuro) para tratar y asimilar las palabras de una nueva manera (lingüística), es posible reprogramar a una persona para que asimile y utilice la información de manera más eficiente, con mayor retención y precisión en la memoria.

La PNL se aplica a la lectura como resultado directo de la teoría del«movimiento ocular» con el que se asocia la PNL. La forma en que esto se relaciona con la lectura es simple.

Al entrenar el ojo para asimilar más de la«visión periférica» a la vez, el ojo del lector se deslizará naturalmente más suavemente a través de la página, en lugar de fijarse en una palabra a la vez en la forma espasmódica que muchos individuos exhiben cuando leen.

Esto, a su vez, permite al lector asimilar más información más rápidamente y con una tasa de retención mucho más alta, cuando el cerebro está«entrenado» para aceptar la información adicional sin problemas.

Esta teoría es defendida por un gran número de oradores motivacionales, gurús de autoayuda y entrenadores de lectura rápida. En este último caso, los principales puntos de interés parecen ser:

1 - El lector toma una perspectiva más universalizada *Gestalt* u *patrónorganizado*del material de lectura

en lugar de una perspectiva *específica* individualizada.

2 - El lector puede determinar más fácilmente la intención del autor y el «hilo de pensamiento», y seguirlo debido a esta visión de «patrón organizado» de lo que se está leyendo.

3 - El lector puede clasificar más eficientemente qué información tiene valor intrínseco de aquella que simplemente sirve como «relleno».

En este método de lectura, el lector puede absorber, retener y comprender rápidamente y sin esfuerzo una gran cantidad de información y luego recordarla a voluntad con una tasa de precisión muy alta.

La mayor dificultad con la PNL es que muchos científicos a menudo argumentan que en realidad no tiene ninguna base científica. Lo señalan como una «seudociencia» comparada con la alquimia, que utiliza terminología y metodología científica de manera no científica, no replicable y potencialmente dañina.

Muchos de los principales detractores de la PNL llegan a decir que la PNL es una «basura totalmente fraudulenta».

Dicen: «la terminología *impresionante* es un intento mal concebido y ejecutado de pintar una delgada capa de credulidad científica sobre una estructura conceptual con poca o ninguna validez científica».

De hecho, los principios teóricos de la PNL aparecen cuando se aplican a alguien con un «deseo» consciente e intencional de aprender a leer.

Físicamente: Al aprender a controlar el movimiento «lento y suave» de la visión, el lector es capaz de asimilar las palabras y darle sentido al texto más rápidamente que alguien que intenta leer cada palabra individualmente, lo que conduce a movimientos espasmódicos de los ojos, lo que causa tensión en los ojos.

Los lectores pronto descubrirán que al usar sus ojos de manera efectiva para `observar' el texto de una página, en realidad estarán *leyendo*, en lugar de escaneando o hojeando.

Esto requiere mucha práctica y paciencia.

Al principio sus ojos pueden todavía sacudirse ligeramente, pero a medida que practique más, comenzará a sentir 'paz o alivio' en sus ojos, a medida que los músculos se adapten y se sientan más suaves y lisos.

Además de las cuestiones de la validez científica de la PNL, una pregunta que se plantea a menudo es: ¿qué es y qué no es *verdadera* PNL?

Un entrenador de lectura rápida puede decir que la PNL no está siendo practicada por un lector específico, y otro que observa exactamente los mismos comportamientos del lector específico puede decir que sí.

Parte de esto puede atribuirse a la falta de un«programa de certificación cohesivo». Debido a que no parece haber un medio centralizado y curricular de verificar las credenciales para practicar PNL, esto significa que cualquier persona puede llamarse a sí misma practicante con una convicción tan grande (o tan poca) como la siguiente.

Independientemente de todo esto, los

principios de la PNL en la lectura parecen ser sólidos y funcionan según lo previsto en los estudiantes motivados.

Esta es la clave para cualquier modo de aprendizaje. Los estudiantes desmotivados son menos propensos a aprender, porque el tema de actualidad no les interesa, mientras que, para un estudiante motivado, estos principios funcionan.

Ya sea que los llamemos PNL o por algún otro término, los resultados son realmente lo que importa. Los entrenadores de lectura rápida que usan la PNL como parte de su currículo de entrenamiento reportan resultados sorprendentes, sugiriendo que debe haber al menos algo de validez en su práctica cuando se trata de aprender a leer de manera efectiva.

*** Solo un recordatorio, y como una forma de decir gracias por su compra, ofrezco un libro electrónico gratuito, exclusivo para mis lectores. ***

Paso 7 - Cómo desarrollar una presentación visual rápida en serie

Antes de proceder, por favor entienda que

PVSR (Presentación visual serial rápida) es un método de lectura que solo puede ser utilizado «en línea». Si usted solo está interesado en aprender a leer efectivamente a través de material impreso en rústica, leer este capítulo puede no ser una ventaja para usted.

En el siglo XXI, gran parte del texto escrito se presenta electrónicamente en forma de libros electrónicos, artículos en Internet, etc. De ahí la decisión de incluir este capítulo para aquellos que quieran saber más sobre el método de lectura PVSR.

Cuando consideras el ancho de la pantalla de tu ordenador, empiezas a *ver* el tamaño de la superficie que tus ojos tienen que examinar para poder leer una sola línea de texto en la página de tu pantalla, de izquierda a derecha.

Por ejemplo, en esta frase hay hasta doce palabras.

En este momento usted puede estar hojeando este texto, puede estar buscando palabras clave o frases clave, o puede estar leyendo cada palabra y escuchándola a medida que la lee subvocalizando.

Si usted ha estado practicando y ha entrenado su cerebro para leer más rápido, es posible que pueda leer la oración anterior con solo dos o tres movimientos oculares, habiendo leído 4 o 5 palabras a la vez.

En este punto debe considerar la cantidad de tiempo que le llevó poner los ojos en la página y luego mover los ojos de izquierda a derecha para leer la oración.

Imagínese poder leer*viendo* palabras que*destellan*en la pantalla, en el centro de la pantalla, eliminando la necesidad de tener que mover los ojos y alterar el punto de enfoque.

¡Suena extraño!

Aunque la información escrita no se presenta comúnmente de esta manera en la actualidad, es algo que sin duda podemos esperar ver en el futuro.

PVSR o Presentación Visual Serial Rápida, es un método relativamente nuevo que puede ayudar a los lectores a aumentar su velocidad máxima de lectura de palabras por minuto.

Este método depende de la velocidad a la que los ojos de un individuo pueden recibir y procesar información cuando sus ojos no tienen que moverse o cambiar de enfoque en absoluto.

Con PVSR, las palabras de un texto son *proyectadas* en la pantalla de su computadora una por una (o en grupos de dos o tres). Aparecen en el centro de la pantalla cada vez, eliminando la necesidad de tener que poner en peligro tu enfoque al tener que seguir una línea de izquierda a derecha.

En pocas palabras, un lector solo tendrá que centrarse en el centro de la pantalla de su ordenador y esperar a que aparezcan las palabras.

En la mayoría de los casos, los programas PVSR se pueden comprar en línea. El software puede ser descargado en su ordenador y usted puede empezar a beneficiarse de este método de lectura en un abrir y cerrar de ojos. La mayoría de ellos también tienen la capacidad de convertir material estándar de libros electrónicos en PVSR. Esto es fantástico.

¿Quién se beneficia de usar PVSR?

1 - Las personas con mala vista se beneficiarán de PVSR, debido al hecho de que muestra, resalta y amplía el texto. Al presentar cada palabra una a la vez, sus ojos no tendrán que esforzarse entre un mar de palabras para encontrar significado en el texto.

2 - Los individuos que luchan contra la dislexia pueden ser ayudados a través del uso de PVSR. Puede disminuir la confusión y mantener el orden correcto de una oración, permitiendo una mejor comprensión del material de lectura.

3 - Aquellos que luchan con la«pérdida del campo central», PVSR ayuda a minimizar la dependencia del movimiento ocular.

Por lo general, con lo bueno viene un poco mal

Aunque esta es una fantástica nueva forma de leer, como con la mayoría de los métodos y técnicas, presenta ciertas desventajas.

Un ejemplo de desventaja en el PVSR es la «ceguera por repetición». Esta es la falla de detectar o recordar palabras repetidas en el PVSR. Por ejemplo, pueden aparecer las siguientes palabras:

«Siéntese en la hierba junto a la hierba azul junto al árbol que está debajo del árbol».

La ceguera por repetición sugiere que, si la misma palabra se presenta más de una vez en la misma oración, existe una gran probabilidad de que la mayoría de las personas no vean la misma palabra la segunda vez en la misma oración.

Por ejemplo, es posible que algunos no vean la palabra 'hierba' dos veces o la palabra *árbol* dos veces. Esto puede llevar a que los lectores de PVSR pierdan información.

Se desconoce si todos los lectores de PVSR lucharán o no con esta desventaja, pero parece bastante improbable, ya que todos los individuos difieren en la«capacidad de poder mental».

Si bien esta forma de lectura aún no se ha convertido en la norma, si usted siente que le gustaría darle una oportunidad, descubrirá que en Internet no le faltan programas de PVSR gratuitos, regalados por varios institutos.

Recuerde, esto no es un sustituto de los libros en rústica, documentos encontrados en el lugar de trabajo, y no es compatible con el correo electrónico. En la actualidad, lo más probable es que solo pueda hacer uso de este método cuando lea directamente desde un programa PVSR o un libro electrónico que haya sido convertido a PVSR.

Una vez más, solo quiero pedirle un pequeño favor.... si disfrutó de este libro, ¿puede dejar una reseña para este libro? ¡Gracias!

Puedes dejar una reseña aquí:

Paso 8 - Técnicas avanzadas para mejorar la comprensión de lectura

Concentración

Para leer rápidamente y comprender debe ser capaz de concentrarse. Algunos individuos prefieren escuchar música mientras leen, mientras que a otros les distrae la música. Otros pierden interés después de un corto período de tiempo y necesitan tomar descansos cortos y frecuentes, mientras que otros siguen leyendo durante horas sin necesidad de detenerse. Experimente hasta que encuentre lo que mejor se adapte a sus necesidades.

No escuchar palabras comunes

Hay palabras que pueden ser reconocidas tan rápidamente que en realidad no necesitan ser notadas/atención en algunos casos. Reconocer estas palabras puede aumentar el número de palabras que lee por minuto sin que el texto pierda significado.

Vista previa

Previsualizar significa mirar el texto antes de leerlo, y luego hacerse algunas preguntas:
- ¿Cuál es el propósito de leer este libro?
- ¿Qué tan bien necesito comprender esto?
- ¿Qué tan difícil es el nivel de lectura?
- ¿Es algo con lo que estoy familiarizado o

es un tema totalmente nuevo?
- ¿Dónde voy a trabajar/lectura?
- ¿Cuánto tiempo me llevará cubrirlo?
- ¿Dónde debería leerlo?

Al previsualizar el texto, también debería hacerlo:

- Compruebe la fecha de publicación.

- Eche un vistazo a la parte delantera del libro/portada/página de inicio para entender su propósito.

- Consulte el índice o la lista de capítulos.

- Escanee rápidamente unas cuantas páginas aleatorias.

La vista previa le permite decidir inmediatamente si el libro está desactualizado, si el tema es interesante, si existe la posibilidad de elegir, o si el nivel de lectura es demasiado difícil o demasiado fácil.

Refuerzo de la información importante

Después de leer una cierta cantidad de texto, debe recordar los detalles tomando notas, visualizando o asociando.

Aumentar el vocabulario

La mejor manera de aprender nuevas palabras es usarlas y escucharlas. Cuando usted se detiene a buscarlos mientras lee, esto puede ralentizarlo.

La mayoría de las veces, cuando usted elige seguir leyendo en lugar de permitirse a sí mismo «atascarse» en una palabra, descubrirá que la información a seguir generalmente describe el área o palabra que usted no entendió muy bien.

Sin embargo, el vocabulario es una parte importante de la lectura. Aunque leer es la mejor manera de aprender nuevas palabras, si te quedas particularmente atascado con una palabra, aprenderla te ayudará en el futuro, en caso de que vuelva a aparecer la misma palabra.

Estas técnicas funcionan, pero preparar el cerebro, el cuerpo y el entorno de lectura es de suma importancia. Recuerde, leer las noticias con el café de la mañana siempre será más fácil y rápido que leer la letra pequeña de un préstamo de auto nuevo.

Paso 9 - Los trucos de lectura más

importantes e infrautilizados

1. Aprenda a leer palabras en grupos. No lea ni se concentre en palabras individuales una a la vez para asegurarse de que entiende cada palabra. Evite la subvocalización y concéntrese en la comprensión de la frase en su conjunto.

2. Deje de leer el mismo texto repetidamente. Puede elegir colocar un puntero en cada línea a medida que la lee. Esto puede evitar que se repita la lectura del texto. Esto no es ideal como técnica de lectura, ya que puede llegar a ser dependiente de su puntero, pero es un buen comienzo para aprender a«leer entre líneas».

3. Mantenga sus ojos tan enfocados en el centro de la página como sea posible. Esto reduce las paradas excesivas de los ojos, que son una característica de la lectura deficiente, y disminuye la velocidad de la lectura.

Paso 10 - Desarrolle hábitos de lectura rápida

La pregunta más importante sobre la

lectura rápida es cómo afecta a la comprensión. A muchas personas les preocupa que el intento de acelerar la lectura pueda reducir su tasa de comprensión.

Hay algunas pruebas que muestran que los lectores rápidos tienen en realidad un mayor índice de comprensión que otros, pero esto es posiblemente atribuible a que los lectores rápidos simplemente pierden menos tiempo y se centran en el tema mejor que otros.

Claramente, existe una correlación entre los hábitos de los lectores lentos y un menor nivel de comprensión. Los lectores lentos a menudo se dedican a un tipo diferente de subvocalización. El lector lento espera a que el sonido de cada palabra se forme en su mente antes de pasar a la siguiente. Esto les ayuda a entender mejor el texto, pero los retrasa enormemente.

Es poco probable que las técnicas de lectura rápida sustituyan a los métodos probados de enseñar a la gente a leer, pero la aplicación adecuada de las ideas de lectura rápida podría ayudar a preparar a los estudiantes para los cursos de nivel universitario. Es totalmente posible que los lectores lentos se beneficien de las técnicas de lectura rápida y mejoren su comprensión como resultado.

¿Funciona realmente la lectura rápida?

La respuesta entre los lectores de velocidad sería un rotundo«¡Sí!».

Sin embargo, la lectura rápida no consiste en una técnica«única» que se aprende en pocos días. Los lectores veloces han aprendido a leer más rápido (generalmente después de cierto tiempo) entrenando sus cerebros; reprogramándolos para que vean las palabras de manera diferente en comparación con la forma en que se les enseñó a verlas al principio en la escuela.

Sin duda, algunos individuos son *naturalmente* mejores en lectura rápida que otros. Pero para la mayoría, con el fin de acelerar la lectura de manera efectiva para asegurar una comprensión del 100% de los materiales leídos, necesitarán practicar constantemente, haciendo mejoras conscientes diariamente hasta que hayan dominado esta habilidad. Hay consejos y trucos que uno puede usar en su beneficio, pero en última instancia, es la práctica la que hace la perfección.

La respuesta entre los escépticos y los críticos sería:*hasta cierto punto*.

Los lectores más rápidos del mundo leen alrededor de 4700 palabras por minuto con una tasa de comprensión del 50 por ciento; mientras que el lector promedio puede leer alrededor de 200-250 palabras por minuto con una tasa de comprensión completa. Enfrentémoslo. Un índice de comprensión del 50 por ciento es demasiado bajo para ser considerado práctico o beneficioso para propósitos académicos y profesionales.

La respuesta entre aquellos que creen que la lectura rápida *puede* funcionar sería: «es posible aprender a leer más rápido y aun así mantener tasas razonables de comprensión».

Nadie sabe realmente cuáles son los límites del cerebro humano. Sin embargo, sabemos que estos límites varían de un individuo a otro.

La mayoría de los individuos pueden aumentar su velocidad de lectura más allá de 250 palabras por minuto con una comprensión completa, pero probablemente perderán la comprensión completa mucho antes de 1500 palabras por minuto.

¿Puedes estudiar de esta manera?

Sí, siempre y cuando haya entendido bien las advertencias:

1 - La lectura rápida es una habilidad y debe ser aprendida. Por lo tanto, es imposible tomar un libro de texto y comenzar inmediatamente a«leerlo con rapidez».

2 - Usted puede emplear varias técnicas que le ayudarán a leer más rápidamente, pero la verdadera velocidad de lectura solo se consigue con la práctica.

3 - Es importante tener en cuenta que la velocidad de lectura es relativa. Incluso una vez que usted se haya entrenado para leer más rápidamente, todavía le tomará

más tiempo leer un libro académico denso que el que le tomaría leer más material de «nivel de superficie».

La lectura rápida es una habilidad que vale la pena que todos los estudiantes cultiven. No solo les ayudará a cubrir sus materiales de estudio en un espacio de tiempo más corto, a medida que avanzan hacia sus carreras futuras, sino que también pueden llevar esta habilidad consigo y utilizarla durante todo el proceso.

Lectura rápida y comprensión

Cada uno lee a su propia velocidad, que suele variar en función de la densidad del material y del nivel de comprensión requerido.

Puedes aumentar tu velocidad de lectura aplicando activamente técnicas de lectura rápida que te ayudarán a mejorar tu comprensión lectora. Estas técnicas se manifiestan cuando se dan los pasos correctos para convertirse en un lector de velocidad.

Un truco útil de lectura rápida (cuando se trata de asegurar la comprensión) es buscar inmediatamente todas las palabras desconocidas.

Su velocidad de lectura puede sufrir un golpe cuando encuentra una palabra que no conoce. Esto se debe a que tu cerebro se toma su tiempo para recopilar información sobre el significado de la palabra, y trata de desenterrar posibilidades de los rincones de tu mente.

Aunque buscar una palabra puede tomar un momento, ciertamente no le tomará más tiempo del que le tomará a su cerebro tratar de comprender la palabra individual.

Al entender una sola palabra (relevante dentro de un párrafo dado), usted será capaz de entender mejor el resto de la información en el texto, y la comprensión lleva a la comprensión completa.

Papel y pantalla

La velocidad de lectura en general requiere tres compromisos por parte del lector.

En primer lugar, el lector tiene que aprender a utilizar más de su visión periférica para asimilar más de lo que se está leyendo en un momento dado.

En segundo lugar, el lector tiene que entrenar su cerebro para formar nuevas neuronas, forjando nuevas conexiones entre conceptos e ideas dispares.

En tercer lugar, el lector de velocidad tiene que aprender a asimilar la información muy rápidamente.

Estas no son habilidades que uno simplemente decide aprender un día. Requieren una práctica y un ejercicio constantes, al igual que cualquier otra habilidad o actividad física.

Muchos campos de la educación están pasando de los libros de texto tradicionales a los medios electrónicos. Aunque esto es más común en las universidades, algunas escuelas secundarias de todo el mundo también están experimentando con la lectura en pantalla.

Se han realizado estudios para ver si la lectura en papel o en pantalla es más estresante para el cuerpo y la mente. Sin embargo, estos estudios han ofrecido resultados contradictorios y a menudo confusos. Una razón clave para ello es la falta de protocolos de prueba rigurosos y rigurosos.

En primer lugar, muchos de estos estudios utilizaron diferentes tipos de letra para la lectura en papel frente a los ejercicios de lectura en pantalla.

En segundo lugar, los lectores pueden sostener un libro más cerca de sus ojos de lo que lo harían con un monitor de computadora, por varias razones.

En tercer lugar, se sugirió que la luz emitida por el monitor de un ordenador puede aumentar la fatiga y provocar un descenso proporcional en la comprensión de lo que se está leyendo. Con el papel, una persona puede ajustar la luz a su propio nivel de comodidad.

Un punto de congruencia entre los estudios de la lectura rápida en papel y la lectura rápida en pantalla es que las personas que leen artículos en papel (materiales de estudio, novelas, trabajos de investigación, etc.), tienden a leer aproximadamente entre un veinte y un treinta por ciento más rápido, con un mayor índice de comprensión y asimilación, que las personas que leen principalmente texto en pantalla.

Estas tendencias típicamente no toman en cuenta al lector de velocidad «natural»; un lector que comenzó a leer muy temprano y se ha entrenado a sí mismo desde una edad temprana para digerir la información rápidamente.

Algunas personas toman la lectura rápida más naturalmente que otras. Entre la generación más joven, cuyo aprendizaje ha sido mucho más integrado con las computadoras que el individuo promedio de «treinta y tantos», la lectura en pantalla puede ser más rápida para ellos que la lectura tradicional de libros.

Se requieren los mismos procesos y habilidades en lectura rápida, ya sea en pantalla o en un libro.

Quizás la mayor desventaja de la lectura en pantalla es que el lector se encuentra en la fila para sufrir el SVI, o «síndrome de visión informático». No se trata de un solo síntoma o efecto; de hecho, se trata de una serie de síntomas relacionados con la fatiga ocular y a menudo dolorosos.

Algunos de estos síntomas incluyen visión doble, ojos rojos secos, dolores de cabeza, irritaciones oculares, dolores de cuello o espalda y visión borrosa. En la mayoría de los casos, si estos síntomas no son tratados, pueden afectar su rendimiento de lectura en general.

Las pruebas han demostrado que entre el 50% y el 90% de los usuarios de computadoras experimentan problemas oculares. Esto no solo ocurre en los adultos, sino también en los niños.

Como se mencionó anteriormente, el SVI puede causar dolor alrededor de los ojos e incluso puede causar dolores de cabeza severos. La lectura desde la pantalla de una computadora requiere que sus ojos estén continuamente enfocados. Se mueven mucho de un lado a otro y tratan de alinearse con lo que ven en la pantalla. A menudo, las imágenes o las fuentes en una pantalla pueden cambiar, lo que hace que los músculos de los ojos trabajen mucho más.

Una pantalla también añade otro elemento negativo, que es que las pantallas tienden a parpadear y a producir resplandor. Aquellos que ya tienen problemas oculares, pero necesitan leer de una pantalla diariamente, experimentarán incomodidad aún mayor.

A medida que un individuo envejece, la lectura de una pantalla se hace más difícil debido al hecho de que los lentes de los ojos se vuelven menos flexibles con la edad.

Sin embargo, incluso después de leer lo anterior, puede estar seguro de que no hay pruebas de que leer desde una pantalla cause efectos secundarios físicos graves o daños a largo plazo.

La verdad es que, ciertamente, hay un mayor elemento de incomodidad en la lectura de una pantalla que en la lectura de un libro.

Si te encuentras en una situación en la que tienes que leer en una pantalla todo el día, es posible que quieras considerar la posibilidad de adquirir un par de<<gafas de ordenador».

Incluso si usted ya usa gafas recetadas, las«gafas para ordenador» (su optometrista reconocerá este término) pueden ayudar a disminuir la cantidad de tensión que experimentan sus ojos. No compre simplemente un par de «gafas de lectura» a su farmacia. En muchos casos, la distancia entre los lentes izquierdo y derecho puede no coincidir con la distancia entre sus ojos izquierdo y derecho. De hecho, no mirar directamente a través del centro de los lentes de las gafas de lectura estándar puede hacer que sus ojos se fatiguen aún más.

Finalmente, si usted sufre de resequedad en los ojos mientras lee en una pantalla, por favor recuerde apartar la vista de la pantalla momentáneamente. Al alejar los ojos de la pantalla, parpadeará de forma natural y volverá a proporcionar humedad a los ojos.

La velocidad de lectura en la pantalla no siempre es tan cómoda como tratar de acelerar la lectura en papel.

Mientras que los requisitos necesarios para mejorar la habilidad de la lectura rápida son los mismos para los libros de papel y la lectura en pantalla, la mecánica real de cómo el ojo y el cerebro procesan la luz y la información del papel, o de una pantalla, es algo diferente.

Al ajustar el brillo de la pantalla y el área de lectura a su propio nivel de comodidad personal, puede superar las diferencias y leer con la misma rapidez en una pantalla que en papel.

Después de tomar todo lo que ha leído hasta ahora en consideración, usted debe estar listo para dar sus primeros pasos para convertirse en un lector de velocidad. Los siguientes pasos son importantes cuando se trata de alcanzar sus metas de lectura rápida. Son relativamente simples y fáciles de seguir.

1 - Práctica:

Cuando consideras cuántos años pasaste aprendiendo a leer en la escuela (o siendo educado en casa), puedes imaginarte cuánto tiempo te puede tomar desaprender 'cómo' te enseñaron a leer. Por eso, la primera clave para ponerse en marcha en este campo es practicar tan a menudo como sea posible.

2 - Lea el material 'fácil' al principio:

Siempre que empieces algo nuevo, la mejor manera de disfrutar de lo que estás haciendo (lo que asegura que querrás hacerlo de nuevo) es intentar hacerlo lo más interesante posible.

Esto vale también para aprender a acelerar la lectura. Comenzando con material«fácil de leer», usted será capaz de captar la velocidad de lectura sin demasiada dificultad.

Empiece leyendo un libro corto con un buen argumento, o incluso un artículo en una revista que le interese. El mayor error que podrías cometer sería intentar aprender esta habilidad empezando con un texto de«estilo de libro de texto», o documentos que simplemente te pueden aburrir hasta las lágrimas - causando que dejes el libro antes de haber completado la primera página.

Cuando te entusiasma el tema, disfrutarás de lo que estás haciendo y, por lo tanto, no tendrás expectativas negativas cuando lo intentes de nuevo.

3 - No se preocupe demasiado por si entiende o no el texto al principio:

El cerebro humano es fantástico. La mejor manera de explicar el punto anterior es asociarlo con la publicidad subliminal. Por ejemplo: se sabe que, para fines de marketing, muchas«marcas» utilizan publicidad subliminal. En pocas palabras, esto significa que dentro de la publicidad del producto que se anuncia se insertan mensajes inteligentes, ya sea una simple palabra que aparece en la pantalla de un televisor o de un teatro, o una imagen en un artículo que no `destaca' o `parece encajar en el tema de la imagen' - es subliminal.

Se han llevado a cabo muchas pruebas que prueban que, aunque de un vistazo, los individuos pueden no ser conscientes de la palabra o la imagen que destella. Ellos, de alguna manera, recuerdan que lo vieron y automáticamente lo asocian al anuncio.

Esto prueba que nuestros cerebros son mucho más rápidos de lo que creemos.

Sub-vocalizar, o tratar de visualizar lo que el texto en una sección dada del material de lectura está tratando de decirnos, no es completamente necesario porque nuestros cerebros PUEDEN ver las palabras y comprenderlas sin necesidad de confirmar si podemos o no podemos.

Cuando empieces a practicar, no pierdas mucho tiempo tratando de confirmar si entiendes o no lo que se dice en el texto. Si lo haces, te encontrarás retrocediendo,'retrocediendo' sobre un párrafo específico para asegurarte de que realmente entendiste lo que había allí.

Mientras practique, simplemente lea todo el texto (tal vez solo una o dos páginas a la vez) - y luego, una vez que hayas terminado, puede hacer un «examen sorpresa».

Escriba los puntos importantes que recuerdes y compáralos con el texto que leas. Si se le ha olvidado mucho, practique un poco más recordando que la lectura rápida no es necesariamente una habilidad que se pueda dominar de la noche a la mañana.

Si ha cubierto todos los puntos principales y ha omitido solo los puntos sin importancia, lo ha hecho bien. Si recuerdas todo lo que hay en el texto, has logrado tu objetivo. Sin embargo, solo unos pocos individuos pueden lograr esto sin mucha práctica.

4 - *Leer secciones de texto a la vez:*

Usted es capaz de leer por lo menos 4 a 5 palabras a la vez, cuando comienza. Estamos tan acostumbrados a leer cada palabra individualmente (como una tras otra), y a menudo no nos damos cuenta de que nuestros ojos pueden, de hecho, escanear unas pocas palabras seguidas y«verlas» todas a la vez.

De la misma manera que verías una película. Podría haber al menos tres escenarios en la pantalla. Un hombre se ríe, el otro se rasca la espalda y otro come helado. Con un vistazo a la pantalla, usted sabría lo que los tres están haciendo, sin tener que mirar más de cerca a cada hombre individualmente.

Cuando usted mira el texto en esta oración, cuando se enfoca en una línea, ¿cuántas palabras puede ver

cómodamente con una mirada?
Puedes decir 3 o 4. Estas son entonces las palabras que tu cerebro puede ver y comprender con una sola mirada, cómodamente. No es necesario leer cada palabra individualmente.

Por lo tanto, los 3 párrafos anteriores pueden parecerle esto:

Cuando miras el texto
Cuando te concentras en una línea
Las palabras pueden ver cómodamente
Puede decir 3 o 4
Palabras que su cerebro puede ver
No es necesario leer cada palabra
El párrafo puede verse así

Si este párrafo se hubiera escrito de esta manera (arriba), usted habría recibido toda la información que necesita saber en el párrafo. El texto escrito a menudo está lleno de palabras que son innecesarias. Sin embargo, todos los escritores saben que el buen texto debe estar bien encadenado. Necesitarás confiar en tus habilidades.

5 - *Enfocando su atención:*

Cuando veas la televisión, puede que estés

escuchando lo que se dice y viendo las imágenes en la pantalla, pero hay una buena posibilidad de que te distraigas fácilmente si tu perro empieza a ladrar afuera, o si el programa continúa, pero te quedas pensando en algo que viste y escuchaste en los primeros cinco minutos del programa.

La lectura es la misma a veces. Puedes leer (o `mirar') una página entera y pensar que la has leído, pero algo en el primer párrafo captó tu atención subconsciente. Mientras tu mente subconsciente intentaba averiguar su significado, puede que no te dieras cuenta, pero tu mente consciente estaba simplemente `mirando', no leyendo, el resto del texto de la página. Por eso es importante escuchar a su mente subconsciente y acercarla lo más posible a su mente consciente.

A menos que usted vaya a centrar el 100% de su atención en el tema sobre el que se está escribiendo, tiene muy poco sentido intentar leer. Si necesitas practicar, más bien asegúrate de que no haya nada a tu alrededor que te distraiga y que estés realmente absorto en el tema sobre el que estás leyendo.

No tiene sentido sentir como si hubieras leído 800 palabras en un minuto, dándote palmaditas en la espalda, solo para darte cuenta de que no recuerdas una palabra que acabas de leer.

Si es importante que se detenga para asegurarse de que ha entendido una palabra o frase específica, hágalo. Esto lleva menos tiempo que leer toda la página y luego tener que volver a leerla desde el principio, porque no estabas «seguro» de lo que leías.

6 - *Evitar la regresión/regresar:*

Si bien se acaba de sugerir que se detenga cuando sea necesario y se asegure de entender una palabra o frase; al mismo tiempo, debe evitar retroceder o retroceder demasiado en el texto que está leyendo.

Al principio esto parece difícil. Si se supone que tienes que parar si no entiendes algo, entonces ¿por qué se te dice que no regreses/regreses?

Hay una gran diferencia entre retroceder y detenerse para asegurarse de que usted entiende una palabra o frase.

En pocas palabras, a menudo retrocedemos o volvemos atrás porque `pensamos' o `sentimos' que se nos ha pasado algo vital; una palabra clave o frase vital que marcaría la diferencia en el mundo de nuestra comprensión del texto.

Aquí es donde tienes que creer en ti mismo y en el poder de tu cerebro.

Si su cerebro ve una palabra que no entiende, se lo hará saber inmediatamente. En este punto no necesitas retroceder una o dos oraciones; solo necesitas entender la palabra que se ha convertido en el obstáculo.

Si usted no entiende la frase, debe tratar de seguir adelante. Lo más probable es que descubras que la frase a seguir te explicará exactamente qué es lo que `pensaste' o ` sentiste' que no entendías antes.

Cuando estás leyendo en el ambiente correcto sin distracciones, estás enfocado e interesado en el tema sobre el que estás leyendo, y tu postura es buena, descubrirás, 9 de cada 10 veces, que avanzar es mucho más valioso que retroceder.

Una vez más, esto se reduce a la práctica y más práctica. Tendrás que decirte a ti mismo que no retrocedas. Tendrá que creer que su cerebro le está dando sentido a todo esto, incluso si sus dudas comienzan a susurrar en su oído. Ignora estas dudas y cree que puedes leer y comprender lo que lees. La autoduda es sin duda otro enemigo de la lectura rápida.

7 - Deje de subvocalizar:

La subvocalización es en realidad la forma en que se te enseñó a leer en primer lugar. De niño se te enseña a«decir» las palabras que lees, e incluso a dividirlas en sílabas. Aunque esta es la mejor manera de `aprender a leer', no es conducente a la lectura rápida.

A medida que envejecemos, muchos de nosotros continuamos diciendo las palabras tal como las vemos. Tal vez sin hacer los sonidos; la mayoría de nosotros simplemente pensamos las palabras que vemos. Si bien esta es la mejor manera de asegurarse de que usted comprenda y entienda completamente todo lo que ha leído, esto ralentiza tremendamente su tasa de lectura.

De la misma manera que un niño nunca aprenderá a nadar correctamente, a menos que se le enseñe a nadar sin alas de agua, obviamente en un área poco profunda al principio, es de la misma manera que usted nunca sabrá su habilidad para acelerar la lectura, a menos que lo intente sin repetir cada palabra que vea.

Una vez más, tendrá que confiar en que las palabras que ven sus ojos son calculadas y computadas por su cerebro. Una vez más, tus dudas probablemente te dirán que no has visto las palabras, y que `realmente necesitas volver a leerlas'.

Aprenda a leer palabras - véalas y crea que las entiende, en lugar de tratar de convencer a su cerebro de la palabra que está frente a usted. Tu cerebro ya sabe cuál es la palabra.

8 - Busque palabras clave:

Una vez que conozca el tema sobre el que está leyendo, podrá notar las palabras clave. Al hacer esto, usted podrá omitir el exceso de texto a menudo innecesario, como las conjunciones, y retomará las palabras que conducen a una conclusión en el texto.

Por ejemplo:

«En el año 2015, puede que solo queden un puñado de rinocerontes en este planeta si los cazadores furtivos continúan destruyendo estas hermosas criaturas, independientemente de su edad, para sus cuernos. Sus cuernos están molidos en polvo y se usan para hacer una medicina que supuestamente mejora el rendimiento sexual en los hombres».

En lo anterior, a medida que lo lees, podrías haber elegido retomar unas pocas palabras que te habrían llevado a entender lo que el párrafo intentaba decirte.

Esto es similar al skimming. Sin embargo, solo elegimos el skimming como una forma de lectura si queremos obtener la«idea general». La búsqueda de palabras clave requiere más concentración y enfoque que el skimming.

Recuerde, mientras lee rápido, usted quiere ser capaz de comprender y tal vez incluso hacer notas mentales o escritas sobre lo que ha leído. Con el skimming, es posible que solo obtenga«la esencia de la historia», que es una de las razones por las que no es un método preferido de lectura entre muchos profesionales.

9 - Sepa sobre qué está leyendo:

Como se mencionó anteriormente, siempre conozca el tema antes de comenzar a leer. Esto le ayudará a notar las palabras clave y frases importantes a medida que las lea.

10 - Líbrate de la duda:

Deja de dudar de que no puedes acelerar la lectura y dale más crédito a tu cerebro. Cuando ves una palabra, tu cerebro sabe lo que significa. Pero debido a que hemos pasado tanto tiempo de nuestras vidas leyendo y sub-vocalizando, tratando de imaginarnos lo que estamos leyendo y tratando de convencernos a nosotros mismos de que«realmente» comprendemos lo que hemos leído; estamos dudando inadvertidamente de nuestras habilidades como lectores.

Como si movieras tu mano sobre una placa caliente - cuando sientes el calor de la placa, `sabes' que no debes tocarla. No pondrías tu mano en el plato caliente solo para convencer a tu cerebro y sentido del tacto de que el plato está caliente.

De la misma manera, usted no necesita convencer a su cerebro de las palabras que está leyendo.

Usted puede enfrentarse a un obstáculo al leer a gran velocidad cuando su cerebro ve una palabra, pero no tiene conexión con su significado. Por ejemplo, las palabras:

1 - Aerofilatelia - (la colección de sellos de correo aéreo)

2 - Dactilología - (estudio del lenguaje de signos)

3 - Ekística - (el estudio de los asentamientos humanos)

Estas son palabras más que probables que un lector promedio (a menos que el lector supiera lo que significan) tendría que parar e investigar, si necesitara tener un 100% de comprensión de la información que estaba leyendo.

No se deje frenar por estos obstáculos. Las palabras que usted no entiende son palabras que tal vez nunca haya visto antes. Esto no tiene nada que ver con su capacidad de leer más rápido.

Al seguir los pasos anteriores y practicar para acelerar la lectura tan a menudo como sea posible, usted será capaz de aumentar su velocidad de lectura a por lo menos el doble de lo que es ahora.

Conclusión

Ahora que ha aprendido lo que se necesita para convertirse en un buen lector, es más que probable que pase el día de mañana buscando buenos materiales de lectura con los que pueda practicar.

Al comenzar, realmente necesitas recordar no frustrarte contigo mismo si empiezas a sub-vocalizar, o si te encuentras hojeando el texto en vez de leerlo, comprenderlo y entenderlo realmente. Solo inténtalo de nuevo y avanza en lugar de detenerte o retroceder.

Recuerde comer bien, asegurándose de evitar los alimentos con almidón y azucarados antes de pasar tiempo leyendo. Trate de reservar una hora específica del día cada día para practicar, de modo que se sienta cómodo con su nueva rutina.

Trate de leer de los libros de papel tan a menudo como sea posible. Al menos de esta manera, usted aprenderá los conceptos básicos de la lectura rápida, sin tener que someter sus ojos a demasiada tensión.

Siempre que se encuentre regresando o sintiéndose cansado, tome un descanso. No hay necesidad de que domines esta habilidad de la noche a la mañana. Prefiero hacerlo bien y saber que `puedes' leer para siempre, que tratar de hojear el texto que puede resultar en que pienses que estás haciendo las cosas bien, pero en realidad terminará con tu falta de comprensión y la comprensión del tema sobre el que estás leyendo.

www.ingramcontent.com/pod-product-compliance
Lightning Source LLC
Chambersburg PA
CBHW052208090526
44583CB00016BA/1790